AF363520

BIOGRAPHIE

DE

M. L'ABBÉ FRANÇOIS BERGÉ

COMMANDEUR, OFFICIER,
CHEVALIER DE DIVERS ORDRES

Par E. GRANDHANTZ-LOISEAU
Directeur du *Monde Humanitaire*

ORLÉANS
IMPRIMERIE PAUL GIRARDOT
30, rue Louis-Roguet, vis-à-vis du Musée
1889

BIBLIOTHÈQUE HUMANITAIRE

BIOGRAPHIE

DE

M. L'ABBÉ FRANÇOIS BERGÉ

COMMANDEUR, OFFICIER,
CHEVALIER DE DIVERS ORDRES

Par E. GRANDHANTZ-LOISEAU

Directeur du *Monde Humanitaire*

ORLÉANS

IMPRIMERIE PAUL GIRARDOT

30, rue Louis-Roguet, vis-à-vis du Musée

1889

M. l'abbé François Bergé

COMMANDEUR, OFFICIER, CHEVALIER DE DIVERS ORDRES
AUMÔNIER D'HONNEUR DE LA MAISON DE LUSIGNAN

La biographie que nous présentons aujourd'hui à nos lecteurs est celle d'une âme d'élite, d'un philanthrope, dans toute l'acceptation du mot ; la biographie de M. l'abbé F. Bergé est celle du prêtre sauveteur.

Un de ses biographes, M. Louis Bernard, a dit très justement : il ne faut pas ordinairement mesurer la valeur d'un personnage à la célébrité de son nom, et les biographies des hommes illustres ne sont pas toujours les plus intéressantes et les plus utiles à lire.

Cela est d'autant plus vraisemblable que les petites causes engendrent souvent de grands effets. Un homme de naissance modeste peut également s'élever bien haut par le mérite et la vertu. Dans ce cas, l'exemple ayant une origine plus humble, s'impose à l'admiration générale ; il n'y a donc pas de sujet plus instructif et plus fécond en bons résultats que l'étude d'un caractère se développant dans une sphère ordinaire.

M. l'abbé François Bergé est un de ces hommes. Sa vie peut se résumer en quelques mots : l'homme de bien, l'homme de dévouement, l'homme de devoir. C'est sous ces divers aspects que nous allons le peindre, c'est un portrait tout entier que nous allons essayer de donner et de mettre en lumière.

Ce n'est pas sans difficultés que nous avons obtenu de M. l'abbé Bergé l'autorisation de publier dans nos colonnes le résumé de ses belles actions accomplies avec autant d'abnégation que de courageux dévouement. Humble et modeste, ce digne philanthrope n'a jamais recherché, dans l'exercice de son ministère, l'approbation et les applaudissements des hommes ; tout son bonheur, toute sa satisfaction, il la trouve dans l'accomplissement de son devoir et de ses actions généreuses. Pour exciter son esprit de sacrifice volontaire, il n'a d'autre stimulant que le seul désir de faire du bien à ses semblables et d'accomplir fidèlement la devise inscrite dans les plis du drapeau des sauveteurs : « *Sauver ou périr.* »

Par ce temps d'affaissement moral, ou rien ne tient debout, où tout est à vendre, où la notion du devoir est légèrement oblitérée, il est de notre devoir de placer en relief les exemples fournis par des caractères fermes et des volontés indomptables. C'est le meilleur moyen de réveiller dans les cœurs l'étincelle du bien, du grand et du beau.

C'est ainsi que nous allons esquisser cette mâle figure du dévouement et du devoir.

M. l'abbé François Bergé naquit le 2 février 1829, à Beaumont-de-Lomagne (Tarn-et-Garonne), d'une honorable famille d'agriculteurs.

Il commença ses études au collège de sa ville natale, les compléta plus tard au petit séminaire de Toulouse, il entra dans cet établissement sous les auspices du cardinal d'Astros, ami de sa famille, et y étudia avec soin sa vocation. Il comprit alors qu'un élan irrésistible le poussait vers le sacerdoce. Il entra ensuite au grand séminaire, où il fit ses études théologiques, il avait alors dix-huit ans, et la tempête des idées avait grondé en lui, et les idées religieuses l'avaient définitivement emporté.

Cependant sa décision avait rencontré un obstacle,

cet obstacle venait de son père, qui désirait voir son fils embrasser une carrière libérale. Un caractère moins ferme que le sien eût été refroidi dans ces convictions par une semblable opposition, mais il fut inébranlable dans sa résolution.

M. F. Bergé continua encore pendant deux années ses études théologiques, puis il partit, à l'insu de sa famille, pour les missions d'Afrique. Inutile de dire combien ce départ imprévu affligea son père qui était toujours dans les mêmes dispositions à son égard. En cette circonstance, sa mère intervint efficacement pour apaiser la colère paternelle. Cette femme, brave et résolue, était éclairée par une foi raisonnée et intelligente qui lui donnait sur son mari une légitime influence ; après l'avoir convaincu, par son éloquence de mère, qu'il n'était ni juste ni raisonnable d'entraver la vocation de son fils, le chef de famille, désarmé, pardonna.

Nous n'avons pas besoin de dire avec quelle joie et quel bonheur elle annonça cette bonne nouvelle à son fils, par une longue lettre, où se montrait l'élévation de ses sentiments.

Le jeune missionnaire, qui s'était voué aux missions étrangères, fut après un court séjour nommé par l'évêque d'Alger, Mgr Pavy, directeur de la maîtrise de Saint-Joseph à Alger (1852).

En 1854, il fut ordonné prêtre et nommé vicaire à Bône ; l'abbé Bergé se trouva au milieu d'une population terrifiée, dans cette partie de l'Afrique qu'on ne reconnaît plus maintenant tant la civilisation a porté ses fruits et qui, à cette époque, était faite de marais desséchés, où les fièvres paludéennes y étaient en per-

manence et faisaient de nombreuses victimes. On vit
cet apôtre du dévouement relever le moral de la population, porter aux hôpitaux les consolations et les
secours de son ministère aux nombreuses victimes des
épidémies. Tant de dévouement le fit remarquer, aussi
fut-il l'année suivante (18 mars 1855) nommé vicaire
de Notre-Dame-des-Victoires d'Alger. Là encore le
jeune prêtre se trouva dans une ville qui, pendant
plusieurs années, fut des plus éprouvées par les terri-
bles fléaux qui la ravageait ; comme précédemment il
se multiplia, se dévoua pour traiter les infortunes, il
força plus d'une fois, par son courage et son dévouement, la mort à reculer en lui ravissant des victimes.
Français, Espagnols et Italiens furent tour à tour
l'objet de ses soins. La population civile et militaire
lui prodigua ses sympathies et sa reconnaissance.

En juin 1858, M. l'abbé Bergé fut nommé aumônier
militaire de l'établissement disciplinaire de Lambessa.
Dans cette tâche rude et épineuse d'aumônier militaire,
où quelques bons prêtres, aussi rares que dévoués, que
nous ferons connaître à nos lecteurs, se sont distin-
gués, M. l'abbé Bergé a déployé en toute occasion un zèle
et un tact exquis qui lui ont conquis l'estime générale.

En 1862, M. l'abbé F. Bergé fut nommé premier
aumônier de la maison centrale européenne et indi-
gène de l'Algérie. Son action bienfaisante ranima bien
des cœurs désespérés ; beaucoup de prisonniers avaient
un véritable attachement, un enthousiasme sincère
pour ce brave prêtre libéral dont la charité pénétran‹e
fit des prodiges.

Occupons-nous un peu maintenant du sauveteur, et
laissons parler notre confrère Louis Bernard, un de

ses biographes, celui qui semble avoir connu plus inti-
mement le brave et dévoué prêtre sauveteur :

« Dans le cours de son apostolat en Algérie, les
preuves de son courage et de son dévouement abondent.
Un jour, c'est un enfant imprudent que la mer va
engloutir, près de la Pointe-Pescade, à Alger. Le vent
souffle en tempête, les vagues sont énormes, personne
n'ose se porter au secours du malheureux enfant ;
encore quelques instants et la mer va compter une
victime de plus. Soudain, un cri sort de toutes les poi-
trines à la vue d'un prêtre se jetant au milieu des flots
et nageant résolument vers le noyé qui, roulé dans la
lame, vient de disparaître une seconde fois. Ses efforts
sont récompensés, et le courageux sauveteur a la satisfaction de ramener sur la plage l'enfant aux trois
quarts asphyxié, mais vivant.

« Une autre fois, à Bône, en 1854, il monte dans
une chaloupe et va porter secours à un navire incen-
dié, chargé de fourrages et en partance pour la Crimée.
C'était le *Pétrel*, frégate anglaise. Malgré les flammes,
l'intrépide vicaire, au péril de sa vie, aborde sans
hésitation le foyer de l'incendie et parvient à sauver
l'existence de dix marins qui allaient être la proie des
flammes.

« Son humanité n'avait pas de limites, les souffrances
des animaux excitaient sa pitié ; un jour, il rencontre
un Arabe qui accompagnait plusieurs mulets chargés
de matériaux de construction. Une de ces bêtes ayant
succombé sous le faix, l'Arabe frappait à tour de bras.
comme une brute, l'animal impuissant à se relever.
Sans hésiter, il saisit de sa main puissante l'Africain à
la gorge, lui fait comprendre sa cruauté et l'oblige à
décharger sa bête. L'Arabe dompté obéit, au grand
étonnement des personnes présentes, qui félicitent
M. l'abbé Bergé de son heureuse intervention.

« Une autre fois, en plein choléra, et pour recevoir
les derniers aveux d'un malheureux Espagnol atteint
du fléau, le vaillant prêtre, ne pouvant entendre dis-

tinctement les paroles du moribond, monte sur son lit et se couche à côté de lui. Celui-ci l'enlace aussitôt de ses bras, en proie à une crise suprême, par un effort vigoureux l'abbé se dégage de cette étreinte, entend ses confidences et lui administre les derniers sacrements. Dans une circonstance analogue, il pénètre dans un réduit où agonisent cinq Italiens atteints du terrible fléau ; l'atmosphère est tellement infecte que parents et amis ont abandonné les malades, il prodigue les soins de son ministère aux moribonds et ne les quitte que lorsque la mort s'en est emparé.

« Cette persévérance dans l'accomplissement du devoir doit être la règle de toute notre vie.

« Nous pourrions encore faire de nombreuses citations d'exemples, mais nous avons hâte d'arriver à l'année 1870, l'*année terrible;* la guerre franco-allemande attire notre courageux pionnier du devoir vers de nouveaux rivages, il brûle de partager les fatigues, les dangers et la gloire de nos valeureux soldats.

« Par arrêté ministériel en date du 29 juillet 1870 et sur la présentation de Mgr Darboy, archevêque de Paris, M l'abbé Bergé est nommé aumônier au corps d'armée du Rhin. Il quitte l'Algérie et vole à la frontière où il se révèle sous la triple auréole d'homme de bien, d'action et du devoir. Comme prêtre et au point de vue humanitaire, il déplore les horreurs de la guerre, il repousse comme sacrilèges et impies ces hécatombes humaines, ces monstrueuses boucheries d'hommes s'entr'égorgeant, sans se connaître, pour une misérable ambition politique; mais il comprend aussi tout ce que son devoir de prêtre et de patriote lui impose. Pendant que la fusillade crépite et que le canon tonne, poussé par l'invincible élan de sa charité, il va, vient, court, vole partout où sa présence est nécessaire pour encourager, fortifier ou bénir ! Sous le vomissement intense de la mitraille, au milieu des cris des blessés et du râle des mourants, il se multiplie avec une incroyable activité, s'oubliant lui-même, se donnant à tous, jusqu'à ce qu'à bout de forces et terrassé par la maladie, il va à son tour grossir le nombre des malheureux dans les ambulances.

« Cloué sur son lit de douleur en proie à d'atroces souffrances, il envisage la mort d'un œil calme et tranquille. Après de longs mois de souffrances, et grâce à sa robuste constitution, tout danger de mort a disparu, mais il lui est interdit désormais de se livrer à la vie militante de l'apostolat. Cette situation l'afflige, car il ne pourra plus étendre le cercle de ses bienfaits. N'importe ! il agira quand même : il le veut.

« C'est dans cette pensée que M. l'abbé Bergé accepta une modeste cure dans les environs de Toulouse. Là encore son dévouement et sa bonté lui gagnent les cœurs. »

M. l'abbé F. Bergé est l'auteur d'un ouvrage qui a pour titre : *Le géant de la race féline.* C'est une monographie sur le lion, du plus haut intérêt et plein de précieux renseignements. C'est un beau volume in-8° d'environ 300 pages. Ajoutons que cet ouvrage est vendu au profit d'une bonne œuvre. Notons encore une étude sur *les monastères au XIXe siècle, les prisons au point de vue de la civilisation,* etc. Comme on le voit, M. l'abbé Bergé ne pouvant exercer son activité sur les champs de la vie militante, la partage entre les soins de sa cure et le culte des belles-lettres.

Du sein de sa retraite et sans qu'il les ait recherchées, des distinctions honorifiques lui ont été adressées par divers gouvernements, en récompense de ses nombreux services rendus à l'humanité.

Parmi les nombreuses distinctions décernées à ce digne philanthrope, signalons les principales :

Chevalier de l'*Ordre pontifical du Saint-Sépulcre* ; pour services rendus à des Espagnols, il fut nommé chevalier de l'*Ordre royal d'Isabelle-la-Catholique*. La croix d'officier du *Nicham Iftikar*, pour services rendus en Afrique; chevalier de l'*Ordre impérial du Medjidié*, commandeur de la *Croix-Blanche d'Italie*, de l'*Ordre royal de Mélusine*; aumônier d'honneur de la *Maison de Lusignan*, membre de la *Fédération cosmopolite*, officier d'honneur de l'*Étoile d'Italie*, lauréat de l'*Étoile du Mérite* du rajah des Indes Sourindro-Mohun-Tagore, lauréat du *grand prix Victor-Emmanuel*, chevalier de l'*Ordre académique humanitaire de l'Aigle d'Or*, de la *Croix-Rouge anglo-polonaise de Londres*. Son Excellence, Mgr Bracco, patriarche de Jérusalem, voulant récompenser M. l'abbé Bergé de sa persévérance dans la fondation des œuvres de charité et d'humanité, le fit nommer chanoine honoraire de la *Basilique du Saint-Sépulcre de Jérusalem*.

Membre fondateur du *Monde humanitaire*, chevalier sauveteur, aumônier honoraire et délégué général de la Société des *Sauveteurs des Alpes-Maritimes*, membre et aumônier honoraire de la Société des *Sauveteurs Aixois*, membre d'honneur des *Sauveteurs de Naples*, de la *Corrèze*, lauréat du *Grand Prix des Célébrités de France*, etc.

Parmi les Sociétés savantes, citons : membre correspondant de l'*Œuvre de l'affranchissement et de l'éducation des enfants nègres en Égypte*, de la Société d'*Ethnographie de Paris*, de la Société des *Études japonaises*, *chinoises* et *tartares*, de l'*Académie Christophe Colomb*, membre de l'*Athénée oriental*, de la *Société américaine* de Paris, de la *Société franco-hispano-portugaise* de Toulouse, de la *Société magnétique d'Italie*, de la *Société biographique de France*, de la *Société des avocats de Saint-Pierre*, président d'honneur de la *Société helvétique philanthropique* de Graunbünden, du cercle *J.-B. Vico* de Naples, de la *Société d'encouragement au progrès des sciences et lettres*, etc., de l'*Académie du Dante Alighiéri*, de la *Ligue du bien*, de Palmi, etc., etc.

Terminons cette nomenclature en rappelant que lorsque le maréchal de Mac-Mahon était président de la République française, M. l'abbé François Bergé fut proposé pour la croix de la Légion-d'honneur par M. le vicomte de Rambuteau, préfet de la Haute-Garonne, commandeur de la Légion d'honneur ; MM. Cazaux et Cavaré, conseillers généraux de la Haute-Garonne, chevaliers de la Légion-d'honneur.

Cette demande, qui est restée lettre morte et qui, aujourd'hui est enfouie au fond des cartons, méritait un meilleur sort.

On a vu des récompenses tardives, espérons qu'un jour nous aurons la satisfaction d'enregistrer celle-ci.

Mais le modeste et courageux sauveteur n'envisage qu'une seule véritable distinction : celle que l'opinion publique accorde au mérite et à la vertu.

Toutes les fois qu'un homme se distingue par une action d'éclat, par son dévouement à l'humanité, toutes les fois qu'il travaille au bien de la chose publique, il convient, il est utile même, de le proposer comme un exemple à suivre. L'exemple a été et sera toujours le meilleur de tous les enseignements. S'il est contagieux pour le mal, il l'est aussi pour le bien. C'est cette idée qui nous a guidé en racontant la vie si bien remplie de M. l'abbé François Bergé. Prêtre, sauveteur et soldat.